17 AVRIL 1902

VENTE

DU

Jeudi 17 Avril 1902

HOTEL DROUOT, SALLE N° 7

à 2 heures

COLLECTION H. G. Henri [illegible]

ESTAMPES

RELATIVES AU SPORT

CHASSES ET COURSES

annoté d'après l'ex. de Danlos

COMMISSAIRE-PRISEUR

Me MAURICE DELESTRE

EXPERT

M. A. DANLOS

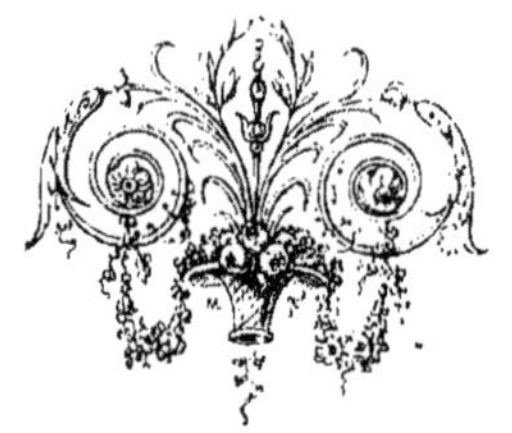

COLLECTION H. G.

ESTAMPES

CONDITIONS DE LA VENTE

Elle sera faite au comptant.

Les acquéreurs paieront 10 p. 100 en sus des prix d'adjudication.

M. Danlos se réserve la faculté de rassembler ou de diviser les lots.

MM. les Amateurs pourront visiter les Estampes, 15, quai Voltaire, du jeudi 10 au mardi 15 avril 1902, le dimanche excepté.

CATALOGUE

DE

BELLES ESTAMPES

RELATIVES AU SPORT

CHASSES ET COURSES

COMPOSANT LA COLLECTION DE M. H. G.

DONT LA VENTE AUX ENCHÈRES PUBLIQUES AURA LIEU

Hôtel des Commissaires-Priseurs, rue Drouot, 9, Salle n° 7

Le Jeudi 17 Avril 1902, à 2 heures précises

Par le Ministère de Me **MAURICE DELESTRE**, Commissaire-Priseur

5, RUE SAINT-GEORGES, 5

Assisté de **M. A. DANLOS**, Marchand d'Estampes

15, QUAI VOLTAIRE, 15

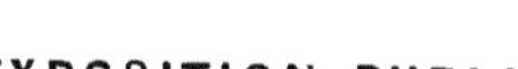

EXPOSITION PUBLIQUE

Le Mercredi 16 Avril 1902, de deux heures à cinq heures

DÉSIGNATION

ALKEN (Par et d'après H.).

1. *Qualified Horses and unqualified Riders or the reversa of sporting Phrases taken from the wark entitled indispensable accomplisments.* Suite de sept pièces, plus un titre, publiées en 1815. 85

Anciennes et très belles épreuves en couleur.

2. Ipswich : *Weighing. — Ascot Heath. — Preparing to Start. Newmarket. — Training.* Trois pièces publiées en 1818, gravées par Sutherland. 210 Pauline

Anciennes et superbes épreuves en couleur. Rares.

3. Ipswich : *Weighing*, gravé par Sutherland. 29

Belle épreuve en couleur.

4. *Going to cover. — Breaking cover. — Full cry. — The Death.* Suite de quatre pièces publiées en 1821, gravées par Th. Sutherland.

Belles épreuves en couleur.

5. The Right sort : *Morning a few of the Right sort going to do the thing. — Some of the Right sort doing the thing. — Some of the Right sort doing the thing well. — The Right sort doing the thing. — The Right sort having almost done the thing. — Afternoon, a few of the Right sort that have done the thing.* Suite de six pièces publiées en 1822.

Très belles épreuves en couleur.

6. *The seven ages of the horse.* Suite de sept pièces, publiées en 1825.

Très belles épreuves en couleur.

7. *Steeple Chase.* Quatre planches sur une feuille.

Épreuve en couleur.

8. *The Right sort. — The wrong sort.* — Deux pièces, faisant pendants, publiées en 1835.

Belles épreuves en couleur tirées sur papier Whatman.

9. *One of the right sort. — One on the wrong sort.* Deux pièces faisant pendants.

Épreuves en couleur.

10. The First Steeple Chase on record Ipswich : *The watering place behing the Barrakks. — The large field near biless corner. — The last field near Nacton heat. — Nacton church and Village.* Suite de quatre pièces gravées par J. Harris, publiées en 1839.

Très belles épreuves en couleur.

11. Steeple chasing Recollections : *The Start. — Going the Pace. — Symptoms of distress. — The Field becomes select. — A Rich scene, and such no other country can exhibit. — A Header. — The Climax of*

Disaster. — *The Winning Post.* Suite de huit belles pièces gravées par C. Bentley.

Très belles épreuves en couleur.

12. Steeple chasing illustrations : *The First Hurdle.* — *The brook.* — *In and out.* — *The last Fence.* Suite de quatre très belles pièces gravées par R. G. et A. W. Reeve.

Très belles épreuves en couleur.

13. *A Hurdle Race.* Suite de quatre pièces gravées par C. Hunt.

Très belles épreuves en couleur.

14. *To and From Melton Mowbray.* Deux pièces.

Épreuves en couleur.

15. *The Comforts of being drove like a Gentleman.* — *The consequences of being drove by a Gentleman.* Deux pièces faisant pendants.

Épreuves en couleur.

16. *Preparing to start.* — *At speed.* — *Winning.* — *Weighing and rubbing down.* Suite de quatre pièces.

Épreuves en couleur.

17. Newmarket Races : *The Race.* — *The Gallop.* Deux pièces.

Belles épreuves en couleur.

18. *A Promising Field.* Grande et très belle pièce.

Très belle épreuve en couleur.

19. *The Leap.* — *The Run.* — *Unpleasant.* — *Dangerous.* *Quatre pièces.*

Très belles épreuves en couleur.

20. *The Leap. — The Scramble. — Dangerous.* Trois pièces.

Belles épreuves en couleur.

21. *A sporting tandem*, par R. G. Reeve.

Très belle épreuve en couleur.

22. *Sporting anecdotes.* Vingt-trois pièces.

Très belles épreuves en couleur.

23. Mc Queen's Racing : *The Winning Post.* Très grande et belle pièce gravée par Summers, publiée en 1871.

Très belle épreuve en couleur.

24. Fox hunting : *The Cover. — Chek. — The Death.* Trois pièces publiées en 1823, gravées par G. Hunt.

Très belles épreuves en couleur.

25. *Just Finis'h'd. — Not Began.* Deux pièces faisant pendants, publiées en 1826.

Très belles épreuves en couleur.

26. Leicestershire : *The Meeting. — Getting away. — Full cry. — The Death.* Suite de quatre pièces gravées T. Fielding, publiées en 1827.

Belles épreuves en couleur.

27. Fox Hunting : *Going to Cover. — Full cry. — The Leap. — The Death.* Suite de quatre pièces gravées par C. Bentley, publiées en 1828.

Belles épreuves en couleur.

28. *Partridge shooting.* Suite de quatre pièces, publiées en 1835, gravées par Bentley.

Très belles épreuves en couleur. Rares.

29. THE GRAND LEICESTERSHIRE FOX HUNT : *The Fox chase.* Suite de quatre pièces publiées en 1839, gravées par Hunt.

Belles épreuves en couleur.

30. FOX HUNTING : *Drawing the Cover. — Getting away. The Full Cry. — The Death.* Suite de quatre pièces gravées par R. G. Reeve.

Belles épreuves, en couleur, tirées sur papier gris.

31. *Fox Hunting.* Suite de six pièces sans aucun titre.

Épreuves en couleur.

32. *The Earth stoppes. — The sportsman.* Deux pièces.

Épreuves en couleur.

33. *Stag Hunting. — Fox Hunting. — Hare Hunting. — Coursing.* Suite de quatre pièces gravées par T. Sutherland, publiées en 1841.

Belles épreuves en couleur.

34. *Partridge shooting. — Wood cock shooting. — Grouse shooting. — Pheasant shooting.* Suite de quatre pièces publiées en 1841, gravées par Pollard.

Très belles épreuves en couleur. Rares.

35. *Woodcock shooting. — The Repast. — Pheasant shooting. — The Return.* Suite de quatre pièces gravées par P. Reeve.

Épreuves en couleur. Toutes marges.

36. HUNTING QUALIFICATIONS : *The Appointment. — Getting away. — A slap at a Park Fence. — Getting over. —*

Slap at a Brook. — *Creeping a Finish.* Suite de six pièces.

Très belles épreuves en couleur.

37. Hunting Incidents : *Going to cover.* — *Hi! Hold Hard! Don't Head the Hounds.* — *Full Cry.* — *Taking in cleverly.* — *A Flying Leap.* — *A cross meeting.* Suite de six pièces.

Très belles épreuves en couleur.

38. Fores's hunting casualities : *A Turn of speed over the flat.* — *A Strange country.* — *Dispatched to Head quarters.* — *Up to sexteen stone.* — *A Rare sort for the Downs.* — *A mutual Determination.* Suite de six pièces gravées par J. Harris, publiées en 1850.

Très belles épreuves en couleur.

39. Fores's Hunting accomplishments : *Going along a splapping Parce.* — *Toping a Flight of rails,* etc. — *Swishing a Rasper.* — *In and out clever.* — *Charging an on Fence.* — *Facing a Brook.* Suite de six pièces gravées par J. Harris ; publiées en 1850.

Très belles épreuves en couleur.

ALKEN (D'après W.).

40. Aylesbury Grand steeple chase : *The Start.* — *The Brook scene.* — *The Lane scene.* — *Coming in.* Suite de quatre pièces gravées par C. Bentley ; publiées en 1866.

Très belles épreuves en couleur.

ALLAN (D'après D.).

41. Carnaval à Rome : *The opening of the carnival at Rome. — The Romans Polite to strangers. — The Horse Race at Rome during the carnival. — The Victor conducted in triumph.* Suite de quatre pièces gravées par P. Sandby.

Très belles épreuves tirées en bistre. Rares.

ANSDELL et autres (D'après).

42. *Grouse. — Duck. — Deer Stalking incidents near Balmoral. — Sportsmen Halting at a Highland Bothie. — Day 's work over.* Cinq pièces gravées à la manière noire.

Très belles épreuves.

BARRAUD (D'après W.).

43. *John Warde Esq*[re]. Gravé par T. Lupton; publié en 1830.

Ancienne et très belle épreuve imprimée en couleur. Rare.

BAYOT (D'après).

44. Steeple-Chase à la Croix-de-Berny. Très grande pièce lithographiée par Dandiran.

Très belle épreuve sur chine. Rare.

BONHEUR (D'après Rosa).

45. Le Marché aux chevaux. Gravé par Th. Landseer.

Superbe épreuve avant la lettre, sur chine.

46. *A Foraging party.* — *On the alert.* Deux grandes et belles pièces faisant pendants, gravées par Gilbert.

Très belles épreuves.

BOWLES (D'après J.).

47. Le Duc de *Kingston, marquis de Dorchester*, etc., chassant au chien d'arrêt dans le parc de son château de *Thoresby;* au fond, la vue du château. Très grande et intéressante pièce gravée par Tillemans.

Très belle épreuve. Fort rare.

BRADLEY (D'après B.).

48. *Partridge shooting.* — *Grouse shooting.* — *Woodcock shooting.* — *Wild Duck shooting.* Suite de quatre grandes pièces gravées par W. Summers; publiées en 1880.

Très belles épreuves en couleur.

BUNBURY (D'après).

49. *A city Hunt.* Très grande pièce humoristique, en trois feuilles assemblées, gravée par J. Bretherton.

Très belle épreuve. Très rare.

50. *Hyde Park*, 1780. Grande pièce humoristique, en trois feuilles assemblées, gravée par J. Bretherton.

Très belle épreuve. Très rare.

BURFORD.

51. *Pheasant shooting.* — *Partridge shooting.* — *The Forester.* — Amazone. — Chasseur. Cinq pièces gravées à la manière noire, publiées de 1767 à 1770.

Très belles épreuves. Rares.

CARICATURES.

52. Suite de seize pièces anonymes hollandaises, sur la chasse et l'équitation, datant du commencement du XVIIIe siècle.

Très belles épreuves coloriées du temps. Rares.

53. *A car your Honour, 20 minutes or no money. — A Trip to " Bully's acre. — Returning from The Brook ".* Trois curieuses lithographies, par J. Graf, publiées en 1840.

Belles épreuves en couleur.

CARTER (D'après S.).

54. *John Chamunth Mestrys* et ses chiens. Gravé par J. Scott; publié en 1879.

Très belle épreuve.

CASANOVA (D'après J.).

55. Hallali du Cerf à l'eau. Très grande et belle pièce gravée en manière noire par Jacobé.

Très belle et rare épreuve avant la lettre. Remargée.

CHALON (D'après H.-E.).

56. *Barbarossa.* Gravé à la manière noire par W. Ward, publié en 1809.

Ancienne et très belle épreuve. Rare.

56 *bis. Pavillon rod by Cheney.* Gravé à la manière noire par J. F. Hofsel.

Ancienne et très belle épreuve. Toute marge. Rare.

COCHIN le Vieux (N.).

57. La Foire de Guibray en Normandie, près la vallée de Fallaize, d'après Chauvel.

Très belle épreuve d'une pièce excessivement curieuse et intéressante par la multiplicité de ses détails. Fort rare.

58. La Chasse royale (Anne d'Autriche et Louis XV enfant chassant).

Très belle épreuve. Rare.

COOPER (D'après A.).

59. *Fleur-de-lys*. Gravé à la manière noire par Th. Lupton; publié en 1838.

Ancienne et très belle épreuve. Rare.

CULLIN (D'après I.).

60. *A yarling sale a Newmarket*. Très belle et très grande photogravure dont tous les personnages sont des portraits; publiée à Londres chez Mendozza en 1890.

Très belle épreuve à laquelle on a joint le trait explicatif donnant les noms des personnages.

DAVID (G.).

61. Auteuil — Longchamps. Deux grandes lithographies faisant pendants.

Très belles épreuves en couleur.

DAVIS (D'après R.-B.).

62. *The Meeting place*, par Himely.

Ancienne et très belle épreuve en couleur.

63. *Road Riders, or Funkers. — The Few not Funkers.* Deux grandes pièces, faisant pendants, gravées par C. Hunt; publiées en 1841.

Belles épreuves en couleur.

DELAMARRE et autres (D'après).

64. *Franc-Picard. — The Huntsman. — Patricien. — Bois Roussel. — Monarque. — Plaisanterie.* Six grandes pièces gravées par Péronard, Summer, Harris et autres artistes.

Très belles épreuves.

DIKINSONS.

65. *The Birdcage Newmarket.* Très grande et très belle photogravure dont tous les personnages sont des portraits.

Très belle épreuve, plus le trait explicatif donnant les noms des personnages.

66. *Subscription Rooms at New-Market,* 1825. Grande pièce en largeur dont tous les personnages sont des portraits; publiée en 1888.

Très belle épreuve en couleur.

ÉCOLE ANGLAISE.

67. *The Meet.* — *Flooded.* Deux pièces, sur la même planche, gravées par un anonyme.

Belles épreuves en couleur.

68. *Atlas.* — *Aaron.* — *Abraham.* — *Starling.* — Chevaux d'attelage. Cinq pièces publiées de 1755 à 1760, deux sont gravées à la manière noire.

Très belles épreuves.

69. *Hare hunting* — *Fox huting, The start, Just off.* Deux pièces faisant pendants.

Anciennes et très belles épreuves en couleur.

70. *Stag hunting.* Suite de quatre petites pièces anonymes publiées en 1836.

Épreuves en couleur.

71. *Steeple-Chase.* Suite de quatre petites pièces anonymes publiées en 1837.

Épreuves en couleur.

72. *St-Albans grand steeple-chase.* Suite de quatre pièces.

Belles épreuves en couleur.

73. *Coursing.* Nos 1 et 2. Deux pièces.

Belles épreuves en couleur.

74. *Bachelor's Hall.* Suite de six pièces, plus un frontispice illustré par Cruikshank avec vers de Dibdin.

Belles épreuves en couleur; le frontispice, daté de 1791, est en épreuve ancienne, il est excessivement rare.

75. Chasses. — Combats de coqs. — Courses, etc. Dix-neuf pièces par et d'après Bowles, Fielding, Ch. Hunt et autres artistes.

Belles épreuves en noir et en couleur.

76. *French Diligence.* Pièce signée du monogramme GHG.

Ancienne et très belle épreuve en couleur.

77. Cocher de grande maison. — Cabman. Deux pièces, faisant pendants, gravées à l'aquatinte.

Très belles épreuves avant toutes lettres.

BOXE, BATON, ESCRIME, etc. (Pièces sur la).

78. Une séance de boxe et de chausson, vers 1835, devant une assemblée de maîtres d'armes et de prévôts civils et militaires.

Très belle épreuve avant toutes lettres d'une pièce bien gravée, très soigneusement coloriée bien certainement par l'artiste lui-même; elle est très intéressante au point de vue des costumes militaires, toutes les armes s'y trouvant représentées et les costumes étant d'une scrupuleuse exactitude.

79. Séances d'escrime, bâton, canne, contre-pointe, boxe, danse, etc. Neuf feuilles décernées comme brevets aux lauréats.

Épreuves coloriées.

FERNELEY (J.).

80. Count sandor's Exploits, in Leicestershire : *A floorer — Shivering the Timbers. — Yooi oder he goes! — Taking it colly. — Hes off! no his on! — Smoth glides the water where the brook is deep. — That's your*

sort. — *A flying leap.* — *Larking more dirt the less hurt.* Suite de dix pièces par E. Duncan, publiée en 1833.

Belles épreuves en couleur.

GEDDES (D'après A.).

81. *The Young Falconer*, gravé à la manière noire par T. Hodgetts.

Très belle épreuve.

GELIBERT (J.).

82. Prise d'un Ragot. — Le bat-l'eau. Deux grandes photogravures éditées chez Goupil en 1880.

Très belles épreuves sur chine.

GILL (D'après E.).

83. *Extraordinary steeple-chase, for the Thousand Sovereigns between Mr Obaldeston's Chasher and Capt. Ros's Clinker;* grande et belle pièce gravée par Alken et Duncan.

Belle épreuve en couleur.

GILRAY (J.).

84. *Cockeney-Sportsmen.* Suite de quatre pièces publiées en 1800.

Épreuves en couleur.

GOUBIE (R.).

85. Visite aux mères. Grande photogravure éditée chez Goupil en 1882.

Très belle épreuve sur chine.

GRANT (D'après F.).

86. *The Melton Breakfast.* Très grande et belle pièce gravée par G. Lewis, publiée en 1839. 47 Danlos

Belle épreuve en couleur.

HALL (D'après H.).

87. *The Great Match between then Fying Dutchman 5 Yrs & st. 8 1/2 lbs the Property of the Earl of Eglington & Voltigeur 4 Yrs & st. the property of the Earl of Zetland.* Grande pièce gravée par Ch. Hunt. 102 Danlos Cte pour Foy

Très belle épreuve avec le ciel teinté.

88. *Mendicant.* — *Van Tromp.* Deux pièces gravées à la manière noire par Smith et Hunt; publiées en 1846 et 1847. 42 Chabrol

Anciennes et très belles épreuves.

89. *Melbourne*, 1834. — *Sailor Jerry and Lottery*, 1840. — *West-Australian*, 1853. — *La Toucques*, 1863. — *Gladiateur*, 1862. Cinq grandes pièces gravées par Harris, Summers et autres artistes. 34 Rousseau

Très belles épreuves en couleur.

HARLAND (J.-S.).

90. SCARBRO' STEEPLE CHASE, RUN NOV. 4th 1851, gravé par J. Harris. 22

Très belle épreuve en couleur.

HAVELL (D'après A.-C.).

91. *A Fox-hunter's Dream*. Grande pièce publiée en 1890.

Belle épreuve en couleur.

HAYES (D'après M.-A.).

92. *Car travelling in the south of Ireland in the Year 1856. — Bianconis Establishment*. Suite de six pièces gravées par J. Harris.

Épreuves en couleur.

HENDERSON (D'après C.-C.).

93. Fores's coaching Recollections : *Changing horses. — All right. — Pulling up to unskid. — Waking up. — The olden time. — The night time*. Suite de six pièces gravées par H. Papprill et J. Harris ; publiées de 1842 à 1846.

Très belles épreuves en couleur.

94. Fores's coaching incidents : *Knee Deep. — Stuck Fast. Flooded. — The Road versus rail. — In time for the coach. — Late for the mail*. Suite de six pièces gravées par J. Harris ; publiées de 1844 à 1846.

Très belles épreuves en couleur.

95. Fores's sporting Traps : *Going to the moors. — Going to cover*. Deux pièces, faisant pendants, gravées par J. Harris, publiées en 1847.

Très belles épreuves en couleur.

HERRING (D'après J.-F.).

96. *Memnon.* — *Tarrare.* — *The queen of Trumps.* Trois pièces publiées en 1825, 1826 et 1835.

Anciennes et très belles épreuves en couleur.

97. J. F. Herring sen^r Fox hunting : *The Meet.* — *The Start.* — *The Run.* — *The Death.* Suite de quatre grandes pièces gravées par J. Harris et W. Summers.

Très belles épreuves en couleur.

98. La même suite.

Épreuves en couleur.

99. *Extraordinary trotting match against time.* Gravé par Ch. Hunt, publié en 1839.

Belle épreuve en couleur.

100. Fores's stable scenes : *The mail change.* — *The Hunting stud.* — *Thorough Breds.* — *The Team.* Suite de quatre pièces gravées par J. Harris, publiées de 1844 à 1846.

Très belles épreuves en couleur.

HERRING et HALL (D'après).

101. *Gladiator.* — *Slane.* — *Lord Clifden.* — *Kesber.* Quatre pièces gravées par Mackrell, Harris et Kester.

Très belles épreuves en couleur.

HODGES (D'après W.-P.).

102. *The Chase of the Roebuck*. Deux pièces, faisant pendants, gravées par Alken et G. Reeve; publiées en 1831.

Belles épreuves en couleur.

103. *The Chase of the Roebuck. — The deat of the Roebuck*. Deux pièces, faisant pendants, gravées par Alken et Reeve, publiées en 1834.

Belles épreuves en couleur.

104. *Hare Hunting*. Deux pièces gravées par R. G. Reeve; publiées en 1836.

Belles épreuves en couleur.

HOLDGATE (D'après A.).

105. *A Yarling sale of Doncaster*. Très grande et belle photogravure dont tous les personnages sont des portraits.

Très belle épreuve sur chine.

HUDDS.

106. *East India House*.

Ancienne et très belle épreuve en couleur. Rare.

HUET (D'après J.-B.).

107. Les Chasseurs, par Mixelle.

Très belle épreuve imprimée en couleur. Toute marge.

HUNT (Ch.).

108. Northampton Grand national Steeple chase, 1840 : *The Start. — The Brook. — The Fence. — Coming in.* Suite de quatre grandes et très belles pièces publiées en 1841.

Très belles épreuves en couleur.

109. *The Birth Day Time.* Grande et belle pièce publiée par Lewis.

Très belle épreuve en couleur.

110. Fox Hunting : *The meet. — Breaking cover. — Full-Cry. — The Death.* Suite de quatre grandes et très belles pièces publiées en 1873.

Anciennes et très belles épreuves en couleur.

JACKSON et MEYER (D'après).

111. *Deaf Burke.* — *Tom Cribb.* Deux célébrités de la Boxe, gravées par Ch. Hunt et publiées en 1839 et 1842.

Épreuves en couleur.

JACQUART.

112. Le Prince Charles, à la chasse, 1734.

Très belle épreuve en couleur. Rare.

JAZET.

113. La Chasse aux perdrix. — La Chasse au renard. — La Chasse au cerf. — Le Chasseur en danger. — Le

Retour du chasseur. Cinq pièces gravées à l'aquatinte.

Très belles épreuves.

JONES (D'après S.-J.-C.)

114. *Morning, first september.* — *Evening, first september.* — *May, Fly-fishing.* — *Evening, october.* Quatre pièces gravées par Pigall, publiées en 1831, 1832 et 1833.

Épreuves en couleur.

115. *Stagecoach*, par Himely.

Deux anciennes épreuves, noir et couleur.

116. *Stabling*, par G. Hunt.

Belle épreuve en couleur.

117. *Royal mails, starting from the Post office, Lombard Street*, gravé par Ch. Hunt.

Épreuve en couleur.

118. *Royal mails starting from the Post-office.* — *Horses watering.* — *Horses going.* – *Zo a fair.* — *Stage coach.* Six pièces gravées par Himely.

Très belles épreuves, deux pièces sont doubles : en noir et en couleur.

119. *The Foxhunter.* — *Gamekeepers Refreshing.* — *Gamekeepers Returning.* Quatre pièces gravées par Himely.

Anciennes et très belles épreuves, une pièce *Gamekeepers returning* est en double épreuve : noir et couleur.

KRATKLE (L.).

120. Piqueur et chiens, 1892.

Superbe épreuve avant toutes lettres, sur japon.

LAIRD (S.-W.).

121. *The Burial of Tom Moody.* — *Death of Tom Moody.* Deux pièces, faisant pendants publiées en 1841.

Épreuves en couleur.

LAMBERT, POLLARD ET TURNER.

122. *The Sportsman's preparing.* — *The Sportsman's visit.* — *Trolling for pike.* — *Fly Fishing.* — *September.* — *October.* Six pièces gravées par Himely.

Très belles épreuves en noir et en couleur.

LAMI (D'après E.).

123. Chasses de Rambouillet. Très grande pièce gravée par Girardet.

Superbe épreuve, avant toutes lettres, d'une pièce des plus intéressantes dont tous les personnages sont les portraits des célébrités sportives de cette époque : duc de Bisaccia, duc d'Ayen, marquis de Noailles, marquis de Juigné, comte G. de Juigné, vicomte de la Panouze, M. Standish, M. Delessert, etc. Fort rare.

123 *bis*. Courses de Chantilly, 1835. Grande et belle pièce publiée en 1878.

Très belle épreuve en couleur.

LEWIS (Chez T.-C.).

124. *The Grand steeple chase*, quatre sujets sur une même feuille. — *Young Gentleman amusing himself.* — *Thrown out.* Quatre pièces.

Très belles épreuves en couleur.

125. *French Diligence, going out.*

Ancienne et très belle épreuve en couleur.

LOCHON (Van).

126. « Les beaux et bien adroits joueurs de toutes sortes de jeux. » Vingt-huit pièces curieuses dans le genre des Grotesques de Callot.

Très belles épreuves. Rares.

LORRAINE SMITH (C.).

127. *The Rendez-vous of the Smoking hunt at Braunstone.* — *The Rendez-vous of the quor'n hounds at Grooby Paul.* — *A Leicestershire Burst.* — *Loss of the Chaplain.* — *Bagging the Fox.* — *The victory of obtaining the brush.* Suite de six pièces publiées en 1826.

Belles épreuves en couleur.

LORRAINE SMITH (D'après C.).

128. *A distinguished Character in the* Picehly Hunt. Huit pièces gravées par Jukes, publiées en 1790.

Épreuves en couleur.

MARIO DI FIORI ET GILPIN (D'après).

129. *A concert of Birds. — Gulliver adressing the Houyhnhums, supposing them to be Conjurors.* Deux pièces gravées à la manière noire par Earlom et Green.

Très belles épreuves.

MARSHALL (D'après).

130. *Oscar*, gravé par Whessell.

Très belle épreuve.

MONNIER (H.).

131. Postillons et cochers. Quatre pièces.

Très belles épreuves en ancien coloris.

MONTCORNET (A Paris chez).

132. Les heures du Jour. Suite de quatre pièces des plus intéressantes et comme portraits et comme costumes, elles nous font connaître l'emploi d'une journée du roi Louis XIII et de la Reine Anne d'Autriche. Le matin : *La Promenade;* le midi : *Le Repas;* l'après-midi : *La Chasse;* le soir : *Le Théâtre.*

Très belles épreuves. Excessivement rares.

DE MONTPEZAT ET GUÉRARD (D'après).

133. Chevaux et voitures. Suite de dix-huit grandes et belles pièces publiées de 1852 à 1864.

Très belles épreuves en couleur.

MOORE (J.).

134. *Messrs Truman, Hanbury, Buston et Co's Brewery (Établissement).* Grande pièce publiée en 1842.

Belle épreuve en couleur.

MORLAND (D'après G.).

135. *Setters*, gravé à la manière noire par S. Reynolds.

Très belle épreuve.

NEWHOUSE (D'après C.-B.).

136. *Military incidents.* Suite de six pièces gravées par Reeve.

Belles épreuves en couleur.

OUDRY (Par et d'après J.-B.).

137. Sujets de chasse. — Les chiens en arrêt. — Le cerf aux abois. — Abois du cerf. — Épagneul. — Le caniche. Sept pièces.

Très belles épreuves.

138. « Livre d'animaux par J.-B. Oudry, peintre du Roy ». Suite de 6 pièces gravées par Huquier.

Très belles épreuves ayant de grandes marges. Très rares.

139. Le cerf aux abois, par N.-C. Silvestre.

Très belle et rare épreuve avant la lettre.

PAUL (J.-D.).

140. *A Trip to Melton Mowbray.* Suite de douze très jolies pièces en forme de frises, représentant, sous une forme humouristique, les ennuis et les inconvénients de tous les sports : chasse, courses, voyages, etc.

Anciennes et très belles épreuves en couleur dans l'état où elles ont été livrées au public, lors de leur publication; chaque pièce est collée sur une feuille de carton mince, portant au verso une étiquette sur laquelle sont inscrits le titre de la suite, son prix de vente et l'adresse de l'éditeur. Excessivement rare.

620 Danlos pour Pic

141. LEICESTERSHIRE : *A struggle for the start. — The first ten Minutes, shaking off the cocktails. — Sympoms of a skurry a pewy country. — The Death.* Suite de quatre pièces.

Épreuves en couleur.

62 Danlos pour Pic

PAUL? (J.-D.).

142. *En route pour les courses.* Six pièces, en forme de frises, avec calèches, diligences, charrettes et cavaliers, se rendant aux courses. Gravées au pointillé et à la manière noire.

Très belles épreuves. Fort rares.

300 Danlos pour B

142 *bis. Le Départ pour la Revue.* Huit pièces, en forme de frises, tirées sur deux feuilles; publiées chez J. Hudson en 1820.

Très belles épreuves. Très rares.

215 Danlos pour S.M.

PENNE (D'après O. de).

143. Chasse au sanglier. — Chasse au furet. — Battue aux loups. — Chasse au renard. — Chasse au marais. — Battue sous bois. — Hallali du cerf. — Hallali du sanglier. Huit très grandes et belles photogravures éditées chez Goupil en 1880.

Très belles épreuves sur chine.

143 *bis*. Chasse à courre : Le Rendez-vous. — Le Lancé. — L'Hallali. — La Curée. Suite de quatre grandes pièces lithographiées par Regnier, Bettanier et Morlon.

Très belles épreuves en couleur.

144. Limiers. — Griffons vendéens. — Relais de chiens. — Au coin du feu. Suite de quatre grandes et belles pièces en fac-similé d'aquarelles.

Très belles épreuves ayant toutes lettres, en couleur.

PERRIER.

145. Monseigneur le Dauphin (Louis XVI) chassant.

Très belle épreuve avec marge. Rare.

POLLARD (Par et d'après J.).

146. London Market : *Meat. — Fesh. — Poultry. — Fruit.* Suite de quatre pièces gravées par Dubourg.

Anciennes et superbes épreuves en couleur. Très rares.

147. *Ascot Heath Race, for his Majesté Gold plate.*

Ancienne et très belle épreuve en couleur.

148. *Anticipation. — Possession. — A Rencounter in a Farm Yard. — Pheasants en Danger.* Suite de quatre pièces gravées à l'aquatinte par H. Pyall.

Belles épreuves en couleur.

149. *The Liverpool Umpire*, gravé par Hunt.

Ancienne et très belle épreuve en couleur.

150. *Jerry. — Moses. — Barefoot. — Matilda.* Quatre pièces publiées de 1822 à 1827.

Belles épreuves en couleur.

151. *The Mail coach in a drift of snow. — The Mail coach in a stom of snow. — The mail coach in a flood. — The mail coach in a thunder stoun on Newmarket heat.* Suite de quatre pièces par Reeve et Rosenbourg, publiées de 1825 à 1827.

Belles épreuves en couleur.

152. — *West Country mail sat the Gloucester Coffee House, Piccadilly.* Grande et belle pièce gravée par C. Rosemberg, publiée en 1828.

Belle épreuve en couleur.

153. *The Royal mails starting from the general Post office London.* Grande et très belle pièce gravée par Reeve, publiée en 1830.

Ttrès belle épreuve en couleur. Remargée.

154. CHANCES OF THE STEEPLE CHASE : *Captn Becher and Vivian. — Mr Seffert and Monraker. — Mr Powell and Saladin. — Mr Cooper and the Pony. — Mr Seffert and Grimaldi. — Mr Riceand Red Deer. — Mr Mason*

and Lotery. — Mr Martin and Paulina. Suite de huit pièces gravées par Ch. Hunt.

Belles épreuves en couleur.

155. *St Albans Steeple Chase.* Suite de quatre pièces gravées par Reeve et C. Hunt, publiées en 1837.

Belles épreuves en couleur.

156. DONCASTER RACES. RACE FOR THE GREAT St-LÉGER STAKES, 1836 : *Vexation, the False Start. — Approbation off in good style. — Anticipation, Who is the winner. — Joy and Desperation! all over but setting.* Suite de quatre grandes et belles pièces gravées par J. Harris, publiées en 1837.

Belles épreuves en couleur.

157. SCENES ON THE ROAD, OR A TRIP TO EPSOM AND BACK : *Hyde Park corner. — The Lord Nelson inn, cheam. — The cock, at sutton. — Kennington Gate.* Suite de quatre pièces gravées par J. Harris, publiées en 1838.

Très belles épreuves en couleur.

158. THE DERBY PETS : *Sale of the colt. — The Trial. — The arrival. — The Winner.* Suite de quatre pièces publiées en 1842.

Belles épreuves en couleur.

159. *Ascot Grand stand, the coming in-Races for the great St Ledger stakes at Doncaster 1852.* Deux pièces publiées en 1852, gravées par Reeve.

Belles épreuves en couleur.

160. *Tom Moody, the Wiper in.* Suite de quatre grandes et belles pièces gravées par G. Hunt, publiées en 1854.

Belles épreuves en couleur.

PYNE (W.-H.).

161. *Hunting.* — *Bird catching.* — *Horses rollers.* — *Toll-gates.* — *Wagons.* — *Carts.* — *Trucks,* — *Fishermen.* — *Post chaises,* etc. Seize petites feuilles à plusieurs sujets publiées en 1823. 36

Anciennes et très belles épreuves.

RAFFET (A.).

162. Voitures publiques, 1828-1829. Suite de huit lithographies dont nous ne possédons que sept. (Manque le n° 5 de la suite : Tricycles.) (G. 261-268.) 95

Très belles épreuves à toutes marges. Rares.

RENTZ ET A. MONTALEGRE.

163. Chasse à courre, en Allemagne, 1724. Très grande pièce gravée au burin. 36

Très belle épreuve. Rare.

RIDINGER (J.-E.).

164. *Grundliche Beschreibung und vorstellung der welden Thiere nach ihrer Natur geschhlecht alter und spuhr.* Suite de quatre très grandes pièces, plus une feuille de texte explicative. 51 Danlos pour Cte Foy

Très belles épreuves avec marges.

165. Les saisons, suite complète de cinq pièces. — Les manèges. — Veneur sonnant du cor. Ensemble sept pièces. 26+16

Très belles épreuves.

ROWLANDSON.

166. *Going out in the Morning. — The chace, — The Death of the Fox. — The Dinner.* Suite de quatre grandes et très belles pièces publiées en 1798.

Anciennes et très belles épreuves en couleur; toutes marges. Excessivement rares à trouver réunies.

167. *The Breakfast. — The Chase. — A Fox chace. — The Death. — Selling a Horse. — The High mettled Racer.* Six pièces publiées en 1789 et 1791.

Anciennes et très belles épreuves en couleur.

ROWLANDSON (D'après).

168. *Weighing. — Mounting. — Racing. — Between Heats.* Suite de quatre pièces publiées en 1798.

Superbes épreuves en couleur, trois pièces sont avant la lettre. (Les titres sont manuscrits.) Très rares.

169. *Rural sports or gaine a quoits*, 1811.

Très belle épreuve en couleur.

SARTORIUS.

170. *Diamond. — Humbletonian.* Deux pièces gravées à la manière noire par Whesshels, publiées en 1799.

Très belles épreuves. Rares.

SCHAYER (W.-J.).

171. *The Duke of Beaufort coach.* Grande pièce gravée par Ch. Hunt publiée en 1841.

Très belle épreuve en couleur.

SCHWERDGEBURTH ET DE SAINSON.

172. Vue de la grande chasse au cerf donnée en l'honneur de LL. MM. II. les Empereurs Alexandre et Napoléon, le 6 octobre 1808 sur l'Ettersberg, près de Weimar, par S. A. S. le Duc de Saxe-Weimar. — Courses de chevaux à Long-Wood (Ile Sainte-Hélène).

71 Danlos pour Essling

SEYMOUR (J).

173. *Going out in the morning.* — *Beating and trailing for a Hare.* — *The Chase.* — *The Death.* — Suite de quatre pièces gravées à la manière noire par J. Burford, publiées en 1787.

Très belles épreuves. Rares.

174. *Going out in the Morning.* — *The chase.* Deux pièces doubles de la suite précédente.

Très belles épreuves.

175. *Going to cover.* — *The Death of the Fox.* Deux pièces gravées à la manière noire par J. Burford, publiées en 1766.

Très belles épreuves.

35? Danlos pour Bos.

SNYDERS (D'après).

176. *A Fish Market.* — *A Game Market.* Deux pièces gravées à la manière noire par R. Earlom.

Très belles épreuves.

49 Danlos pour D

STUBBS (D'après).

177. *Eclipse*, gravée à la manière noire par J. Burke, publiée en 1773.

Ancienne et superbe épreuve. Rare.

178. *Mambrino*, gravé par G. Stubbs.

Ancienne et superbe épreuve en couleur. Très rare.

TOWN (D'après).

179. *Bull Dogs and Badger*, par Earlom.

Belle épreuve.

TURNER (D'après F.-C.).

180. *Leamington Grand Steeple-chase* 1837. Planches 1, 3 et 4. Trois grandes et belles pièces gravées par Ch. Hunt.

Très belles épreuves en couleur.

181. *The Race for the Wolverhampton Stakes*, 1839. Grande et belle pièce gravée par G. A. Turner.

Belle épreuve en couleur.

182. Hawking : *The Departure. — The Rendez-vous. — The fatal stoop. — Disgorging.* Suite de quatre très jolies pièces gravées par G. Reeve, publiées en 1839.

Belles épreuves en couleur.

183. *Moving accidents by flood and field.* Suite de quatre pièces gravées par N. Fielding.

Très belles épreuves en couleur.

184. Moving accidents by flood and field : *Afloat. — This the pace that. Kills. — Aground. — A case of pound.* Suite de quatre pièces gravées par Fielding.

Belles épreuves en couleur.

185. Moore's Tally ho! To the sports : *The noble Tips' Tipperary boys, the marquis a home. — Tipperary glory. — Tipperary melody. — Tipperary « Kulling no murder ».* Suite de quatre pièces gravées par G. Hunt et J. R. Mackrel; publiées en 1852.

Belles épreuves en couleur.

186. *Godolphin Arabian, Scham. — Darley Arabian, Roxana.* Deux pièces, faisant pendants, gravées par J. S. Mackrell.

Anciennes et très belles épreuves en couleur.

VERNET (C.).

187. Chasse du Daim dans la forêt de Compiègne le 27 avril 1818. — Chasse dans les bois de Meudon le 29 mars 1819. — Chasse du Daim à Verrières le 29 avril 1819. Trois lithographies originales du maître, connues sous le nom de chasses du Duc de Berry.

Très belles épreuves avec marges. Rares.

188. Études de chevaux. Trente-cinq lithographies publiées chez Delpech.

Très belles épreuves à toutes marges.

189. Recueil de douze chiens de différentes espèces, suite de 12 pièces. — Études de chiens, suite de 12 pièces. Ensemble 24 pièces.

Très belles épreuves, la première suite est dans sa couverture de publication.

VERNET (D'après C.).

190. Cheval effrayé par la foudre. — Le chasseur égaré. Deux grandes et belles pièces, faisant pendants, gravées à l'aquatinte par Debucourt, publiées en 1800 et 1801 (M. F. 67 et 138).

Superbes épreuves avant toutes lettres, seulement les noms des artistes tracés à la pointe. Très rares.

191. Chasseur égaré, par Debucourt (138).

Très belle épreuve en couleur. Toute marge.

192. La chasse, 1802, par Debucourt (141).

Très belle épreuve en couleur.

193. Préparatifs d'une Course entre cinq chevaux de course, par Debucourt (144).

Très belle épreuve en couleur.

194. Exercices de Franconi, 1806. Deux pièces, faisant pendants, gravées par Debucourt (179-180).

Très belles épreuves.

195. Chevaux au pré. — Chevaux au vert. Deux pièces, faisant pendants, gravées par Debucourt (192-194).

Superbes et très rares épreuves avant la lettre.

196. Chevaux au pré. — Chevaux au vert. — Chevaux à l'abreuvoir. Suite de quatre pièces gravées par Coqueret et Debucourt.

Très belles épreuves en couleur. Toutes marges.

197. Course de chevaux, *a horse race*. — Course du Grand Prix faite au Champ de Mars, à Paris, par

les chevaux qui ont remporté les premiers prix dans leurs départements. Deux très grandes et très belles pièces, faisant pendants, gravées par Debucourt (225-322).

Superbes épreuves en couleur, la première pièce est avant toutes lettres, la seconde avant la lettre, mais avec le nom des artistes. Excessivement rares.

198. Route de Poissy, 1816, par Debucourt (404). 450

Superbe épreuve en couleur avec les deux traits devant les mots : *Gravé par Debucourt*, mais avant que l'adresse de Bance ait été effacée ; toute marge. État non décrit.

199. Route de St-Cloud, 1816, par Debucourt (405).

Superbe épreuve en couleur.

200. Route de Poste, 1817, par Debucourt (406).

Superbe épreuve en couleur.

201. Retour des champs, par Debucourt (409).

Superbe épreuve en couleur.

202. Route de Naples, 1820, par Debucourt (410).

Les cinq pièces précédentes, n°s 198 à 202, sont de la plus grande fraîcheur et ont leurs marges entières non ébarbées. Très rares de cette qualité.

203. Réception de Madame la Duchesse de Berry par S. M. Louis XVIII et la Famille Royale à Fontainebleau le 15 juin 1816. Gravé par Debucourt (417). 100 Danlos

Superbe épreuve en couleur, avec la lettre blanche. Excessivement rare.

204. Le Départ du Chasseur. — Les Chiens à la découverte. — La Chasse. — Le Retour du Chasseur. Suite de quatre pièces gravées par Jazet et Debucourt.

Très belles épreuves en couleur, elles sont très fraîches et ont de très grandes marges. Très rares de cette qualité.

205. La Danse des Chiens. Grande et très belle pièce gravée par Levachez fils.

Superbe épreuve imprimée en couleur.

206. L'Arbre franchi, par Coqueret.

Superbe épreuve avant toutes lettres, seulement les noms des artistes tracés à la pointe. Très rare.

207. Les Apprêts d'une Course. — La Barrière franchie. — Le Galop. — Les Jockeys montés. — Le Cheval bouchonné. Cinq pièces gravées par Darcis.

Très belles épreuves.

208. Chasse de l'Impératrice Joséphine dans les bois de la Malmaison. Très jolie petite pièce gravée par Duplessis-Bertaux et Choffard.

Très belle épreuve en couleur. Très rare.

209. Promenade au Haras, 1806, par Duplessis-Bertaux et P. P. Choffard.

Trois très belles épreuves en différents états : avant la lettre sur chine, avec la lettre en noir et en couleur.

210. Le Départ. — La Chasse. — L'Hallali. — Halte au retour de chasse. Suite de quatre pièces gravées par Jazet.

Très belles épreuves en couleur; elles sont très fraîches et ont de très grandes marges. Très rares de cette qualité.

211. Le Départ pour la Course, lithographie de Engelmann.

Très belle épreuve avant la lettre, en couleur. Rare.

C. VERNET ET BOILLY (D'après).

212. L'Anglomane. — L'Inconvénient des perruques. — Faites la paix. Trois pièces gravées par Darcis et Levilly.

Très belles épreuves.

VERNET (D'après H.).

213. Intérieur d'un atelier (celui d'Horace Vernet). Gravé par Jazet.

Très belle épreuve d'une pièce intéressante dont tous les personnages sont des portraits : Horace Vernet, E. Lami, Ledieu, colonel Bro, Langlois, Montfort, Leroux, M. de Forbin et R. Fleury, etc.

214. Hallali du Chevreuil. — La Chasse au Marais. Deux pièces, faisant pendants, gravées par S. W. Reynolds.

Très belles épreuves avant la lettre.

VIGNERON (D'après).

215. Le Duel. — Exécution militaire. Deux pièces gravées en manière noire par Jazet.

Très belles épreuves en couleur.

VOGUÉ (Ch.).

216. Souvenirs de la Forêt d'Ivoy, novembre 1837 : Le Rapport. — L'Hallali. Deux pièces imprimées chez Lemercier.

Très belles épreuves en couleur. Rares.

WALLER (D'après S.-E.).

217. *Husch! — Suspense.* Deux pièces gravées à l'eau-forte par Lowenstame ; publiées en 1882-1883.

Très belles épreuves lettres grises.

WEBB (D'après W.).

218. *John Mytton Esquire, Halston, Salop.* Gravé par W. Giller, publié en 1847.

Très belle épreuve.

WEAVER (D'après TH.).

219. *Portrait of John Cotes Esqr M. P. for the county of Salop.* Grande et très belle pièce gravée à la manière noire par W. Ward, publiée en 1810.

Ancienne et très belle épreuve; doublée. Très rare.

WOLSTENHOLME (D'après D.).

220. *Morning. — Noon. — After noon. — Night.* Suite de quatre pièces gravées par Jeakes, publiées en 1811.

Très belles épreuves.

221. *Hunting.* Suite de quatre pièces. — *Shooting,* pl. 1. — *Coursing,* pl. 2. Ensemble six pièces gravées par Himely.

Anciennes et très belles épreuves en noir.

WOOTON (D'après J.).

222. *The Going out. — The Earthing of the Fox. — Coming at the Death. — Returning from the Chace.* Quatre pièces en hauteur gravées par C. Canot, publiées en 1770.

Très belles épreuves. Rares.

WORTMANN (C.-A.).

223. La Corne de Saint Hubert. Très jolie petite pièce devant servir de carte d'invitation à une chasse.

Très belle épreuve avec marge. Rare.

ZOFFANY (D'après J.).

224. *Tiger Hunting in the East Indies.* Grande pièce gravée à la manière noire par R. Earlom.

Très belle épreuve.

Paris. — Typ. Ph. Renouard, 19, rue des Saints-Pères. — 42012.

www.ingramcontent.com/pod-product-compliance
Ingram Content Group UK Ltd.
Pitfield, Milton Keynes, MK11 3LW, UK
UKHW022147170726
13837UKWH00004B/1824

9 782329 523835